E 5245

7204

NOUVEAU DROIT PUBLIC

DE L'EUROPE,

Par continuation de feu MABLY et BOUGEANT,

AVEC L'INTRODUCTION AU SYSTÈME DE SA
PACIFICATION ;

*Notamment celle de l'Italie, de la réunion
de la Pologne en un seul royaume,
avec l'Extrait d'un traité de la défense
des Turcs.*

PAR M.ʳ B.-J.-V. DE SAVOISY,

De la Société libre des Sciences, Lettres et Arts de Paris ;
ancien Capitaine de dragons ; Aide-de-camp de feu M. le
Maréchal de Vaux, commandant, en 1779, l'armée française réunie pour le projet de la descente en Angleterre.

A DIJON,

DE L'IMPRIMERIE DE FRANTIN.

1807.

INTRODUCTION

*Au systême de pacification générale,
à celui de la réunion de la Pologne
en un seul royaume, avec les bases
d'un traité de la défense des Turcs.*

Nous avons jugé à propos, en attendant
une plus ample explication qui contiendra
le tableau actuel de l'Europe, de donner
cet essai sur les conséquences qu'a eues
l'ouvrage qu'on va lire, et que nous im-
primons textuellement, et tel que nous
l'avons offert au Directoire le 6 messidor
an 4, qui répond à l'année 1796. Le Directoire étoit une autorité constituée du
Gouvernement français, dirigeant souve-
rainement les affaires politiques ; c'étoit le
pouvoir exécutif de ce même Gouvernement.

Notre but dans cette rapide explication
est de mettre à même notre lecteur de

comparer-si les événemens qui se sont suivis de notre notice qu'on va lire, se sont accordés avec les opérations du Gouvernement qui existoit alors, ou avec celui qui l'a suivi.

Une noble émulation nous a porté à prendre pour base de notre systême, développé dans nos Notices, 1°. la paix non interrompue de l'Italie : voy. pag. 6, 7 et 11 de nos Notices qui suivent cette petite préparation préambulaire.

2.° La réunion de la Pologne en une seule souveraineté. On sait qu'elle a été démembrée et partagée en trois parties par trois souverains qui s'en sont attribué chacun une part pendant les années 1770 et 1771, en faisant disparoître ce royaume au grand détriment des intérêts de l'Europe, comme on le va voir dans nos Notices.

Nous n'avons pas fait de doute, d'après les démonstrations que nous établissons dès 1776, dans le même ouvrage, que la paix universelle de l'Europe se suivroit de ces deux points de nos propositions, dans lesquels sont compris les intérêts des Turcs pour raison desquels nous engageons nos lecteurs à lire avec la plus grande attention et de suite les deux premiers paragraphes de la page 11, et particulièrement nos principes sur l'intérêt *universel de l'Europe*, où il est spécialement parlé des Turcs, pag. 25, 26, 27, 28, 29 et le commencement de la page 30; nous avions prévu dès l'an 4 (1796), les extrémités dans lesquelles la France seroit entraînée; il n'y avoit pas un moment à perdre sur ce point, pour les précautions qu'a paru prendre l'Empereur NAPOLÉON. On verra que depuis long-temps nous avions en réserve à cet égard des vérités profondes qui nous avoient été communiquées par un publiciste qui unissoit dans notre jeunesse le double intérêt de la parenté à la bonne œuvre de nous instruire dans cette partie, ayant été douze ans ambassadeur à Constantinople.

Notre Notice prouvera à nos lecteurs notre patriotisme et notre attachement au droit des nations; nous les avertissons de mettre de côté quelques objets qui se trouvent dans l'exécution écartés de notre système, tels que la république de Venise et autres en petit nombre, attendu que ces objets ont cessé de figurer en Italie, ne se rapportent nullement aux deux points d'ensemble que nous avons embrassés; savoir, celui de la paix de l'Italie, celui de la réunion de la Pologne en un seul royaume, et de suite la paix générale.

Qui pouvoit s'imaginer qu'une république comme celle de Venise qui a eu douze à quinze cents ans de date, d'un gouvernement d'une si grande politique, soutenu d'une marine de quelque considération, d'un grand commerce, et des arsenaux militaires, puisse se dissoudre comme la rosée du matin au premier rayon du soleil. Si on eût donné un mémoire pour la pacification de l'Italie, sur-tout dans ce temps où Venise étoit encore une république, et qu'on n'en eût pas parlé, on auroit regardé cette omission comme un crime.

Notre lecteur verra néanmoins par la manière dont nous en parlions, que nous isolions en quelque sorte ce gouvernement de nos points capitaux, et le considérions comme un vieux monument. Il sera aisé de pénétrer que nous ne prenions pas un

grand intérêt à celle de Gênes; les autorités constituées ont aisément démêlé que
nous regardions la réunion de ce gouvernement avec un autre comme une bonne
opération; toutefois nous ne nous occu-
pions de ces deux républiques que dans
une note de la page 6, à laquelle nous
renvoyons nos lecteurs, pour y voir une
jolie pensée d'un Anglais célèbre vivant
pendant la révolution d'Angleterre par
Cromwel.

Tous les autres souverains, ou suppri-
més, ou passés à d'autres souverainetés,
comme le Grand - Duc de Toscane, ou
effacés de l'ordre politique, nous ont servi
de base pour du point lumineux de diplomatie dont a tiré quelque parti l'autorité
constituée à qui nous avons adressé notre
Notice, qui a eu besoin, ainsi que celles
qui leur ont succédé, d'un grand nombre
de pièces comparatoires; car ils ont en
quelque sorte refait ou repris sous œuvre
tous les gouvernemens de l'Europe; nous
leur avons présenté seulement ici notre
essai.

Nous avons eu le bonheur de voir les

vj

trois points principaux de nos Notices admis en principe ; le premier par un arrêté décisif, le second en mesure de l'être, et c'est de ce point que doit sortir la pacification générale du continent, quand même les Anglois, dont on peut se passer, n'y prendroient aucune part (1).

L'autorité constituée à qui nous avons fait la déférence de notre système, quant à ce qui regarde le nord de l'Italie, comme pour les autres parties, l'a exécuté pour ce premier objet textuellement, quant *au fond*. On va voir plus bas par qui cette même partie a été rectifiée dans la forme.

Les républiques étoient alors à la mode en France comme les habits courts jadis ; on a donné la forme de république à la réunion des pays que nous avions indiqués comme propres à composer le royaume d'Italie. Cette partie a été confectionnée peu de temps après que le Directoire

---

(1) L'assertion qu'on peut s'en passer dans l'ordre de notre système paroîtra à plus d'une personne plus ou moins hazardeuse ; nous avons quelque moyen de la débattre, nous l'exposerons quand il sera temps.

a reçu nos Notices; c'est lui qui a établi ce gouvernement, l'Empereur Napoléon n'y a eu aucune part, il étoit alors absent de la France et de l'Italie, à raison de son expédition d'Égypte; mais c'est bien ce grand politique, qui huit à neuf ans après y a fait donner la forme de royaume que nous voulions rendre propre au Grand-Duc de Toscane, ainsi que le principe que l'Empereur Napoléon a voulu qu'on regardât comme une loi fondamentale du royaume d'Italie, « que ce même royaume « ne pourroit être régi que par un prince « qui ne posséderoit aucune souveraineté « dans toute autre contrée, notament l'em- « pire d'Allemagne ou celui de France.» Ce principe est en même temps conservateur de la paix éternelle de l'Italie et de l'indépendance de cette belle contrée, dans laquelle ses souverains, amateurs des sciences, des arts, comme de la saine philosophie, s'y sont déjà identifiés.

Peu importe à notre système (voy. pag. 17) quelle dynastie régne au nord de l'Italie comme au midi.

Rien ne peut maintenant déranger les

bases sur lesquelles repose la paix invariable de cette belle contrée ; les étrangers ne peuvent plus y entrer avec des moyens militaires, autres que ceux appartenant aux deux princes souverains placés, l'un au nord de l'Italie, l'autre au midi.

Il ne reste plus de républiques à y protéger, qui varient leur intérêt de gouvernement autant que peuvent l'ordonner les caprices de leurs magistrats, ou l'esprit de corruption des ignorans.

Il n'y a plus en Italie de princes particuliers, hors le Pape, chef spirituel de toutes les nations de sa croyance, et allié temporel, dans ses prédécesseurs, de tous ceux qui pouvoient le faire triompher de ses ennemis, ou lui procurer quelque arrondissement de territoire.

Nos vues politiques embrassant tous les rapports (pag. 22), vrais ou supposables, nous ont entraîné dans une petite discussion qui seroit d'un grand intérêt si la république de Venise subsistoit encore, nos oppositions portent sur le moyen d'introduction d'étrangers en corps d'armée pour soutenir les intérêts réels ou prétendus de cette république, pour protéger ses alliés ou ceux du Pontife romain, dont ils auroient pris les intérêts dans des querelles domestiques de territoire ou de religion ; car les petits états comme les citoyens privés qui veulent faire parler d'eux, ne recherchent que des querelles minutieuses.

L'état des choses sur ce point est totalement changé, même par le remplacement du roi de Naples ; c'est un prince qui n'a plus aucun intérêt à ouvrir l'Italie à des Allemands, à des Suisses, à des Piémontois qui jadis en auroient troublé la paix. Ces étrangers n'ont plus personne à y aller chercher. Nos idées religieuses n'étoient point affoiblies par nos réflexions politiques ; nous croyions écrire le code des nations, les intérêts des peuples, et tout intérêt particulier ou personnel devoit en être écarté.

Les têtes chaudes des Italiens, les dégoûts des Romains, les opinions dangereuses d'un grand nombre de Français qui dominoient alors dans cette contrée, grands propagandistes, nous faisoient craindre qu'en heurtant démesurément les esprits, il s'ensuivît l'abolition totale d'une religion menacée : quelle perte pour la morale et la bonne philosophie !

Nous craignions l'anéantissement particulier par l'effet des déchiremens domestiques en Italie, du pontificat sans retour; nous ne nous étions pas infiniment trompés sur ce point, puisqu'il arriva une révolution à Rome peu de temps après la réception de nos Notices par le Directoire, d'après lequel il se forma un gouvernement républicain et régulier, qui eut un résident (c'est-à-dire un ambassadeur) auprès de celui de France, et ce fut un des plus nobles Romains qui fut chargé de cette représentation, tant les extrêmes se touchent dans les agitations du corps social.

Tout est rectifié à cet égard, et il est même reconnu par les hommes séparés du culte romain, d'après la sagesse, le liant du Chef actuel de l'Église, par son bon exemple, par l'ordre du Clergé dans ses mœurs, par ses instructions en forme de dogme et de pratiques chrétiennes; qu'il n'est pas de culte plus commode dans l'exercice du service et des devoirs religieux, plus convenable à la raison, plus sublime

dans la morale, plus aimable dans les ma-
nières sociales, plus propre dans le sacrifice, et plus décent dans la représentation.
Les vérités fondamentales de ce culte sont
l'amour du prochain, l'oubli de soi-même
en matière politique et sociale.

Lorsque nous avons confectionné notre
mémoire qu'on va lire sous le nom de Notices diplomatiques, il n'y avoit pas eu encore un coup de fusil de tiré, sur-tout en
Italie. La Savoie étoit seulement entre les
mains de la France; on en vouloit au
Piémont qui eut bientôt le même sort : la
politique du Gouvernement français vouloit que cet inquiet voisin, au moins d'a-
près des anciens griefs, fût supprimé de
l'ordre des Princes. (Pag. 14). La mèche
étoit allumée, et la conquête fut rapide.
(Voy. pag. 9.)

Le Grand-Duc de Toscane, chez lequel
on établit le théâtre de la guerre, n'étoit
pas même dépouillé ; mais il suspendit
l'exercice de son autorité, et l'armée passa
par-tout où elle voulut dans ses états.

Nous prenions nos premiers moyens pour
la réunion de la Pologne dans la conservation de la souveraineté du Grand-Duc

de Toscane en Italie, et dans le supplément de puissance que nous prétendions devoir lui être fait, en lui donnant en royaume le nord de l'Italie; ce qui s'est fait en partie pour l'Infant de Parme que nous avions proposé en cas que l'autre ne lui convînt pas. Notre proposition pour le Grand-Duc de Toscane nous paroissoit plus conciliatrice, parce qu'elle mettoit à la disposition de la France que nous regardions devoir en être la médiatrice, une part de la Pologne, sans hostilité, sans contrariété et sans déranger personne.

L'objet important étoit d'obtenir la concurrence du roi de Prusse à cette opération; il n'étoit pas si facile d'obtenir la concession de sa part que celle de l'Empereur d'Autriche, qui y mettoit moins d'intérêt dans la circonstance, et en auroit fait la cession volontiers pour conserver à son frère le Grand-Duc de Toscane les anciens états de son illustre Maison en Italie, dont il voyoit avec un chagrin impuissant qu'on vouloit le dépouiller tôt ou tard.

C'étoit par le moyen du roi de Prusse, en lui attribuant ce royaume que nous voulions faire la réunion de la Pologne en une seule partie.

Il avoit outre sa part, plus que les autres co-partageans, la Pologne septentrionale, une superbe position maritime, ancien domaine de ses ancêtres, et la ville de Dantzick acquise par le grand Frédéric son grand-oncle.

On ne pouvoit faire l'offre de régner sur la Pologne à l'Empereur d'Autriche, alors Empereur d'Allemagne ; une aussi grande puissance, tant d'états réunis l'excluoient de prétendre encore à un royaume privé, nul prince, nul potentat ne l'eût souffert; et la Diète d'Allemagne l'eût assez arrêté pour n'être plus en mesure sur cette prétention.

Son règne en Pologne eût été un moyen d'inquiétude et de trouble pour les Turcs dont il est voisin par la Hongrie ; il l'auroit encore été par la Pologne : même inconvénient pour l'Europe que la puissance des Russes dans ce pays au regard des Turcs.

Il y auroit eu le même inconvénient d'y appeler un prince de Russie, puisque l'objet de ce système étoit d'en faire céder sa part par la Russie au roi de Prusse , ne pouvant plus la conserver.

Nul prince ne pouvoit mieux jouer le rôle que mon systême offroit au roi de Prusse dans la réunion de la Pologne, que ce grand souverain; il n'éprouvoit aucune lésion ; il prenoit dans l'Europe , à la satisfaction de tous les autres monarques, comme de toutes les républiques établies , une grande consistance ; il avoit suffisamment de moyens pour dédommager l'Empereur d'Autriche de la part en Pologne qu'il recevoit de lui , en cas qu'on ne permît pas au Grand-Duc de Toscane pour cette compensation, comme nous l'avons dit ci-dessus, de régner au nord de l'Italie, comme la chose est arrivée : le roi de Prusse, dans ce cas, prenoit le dédommagement de l'Empereur d'Autriche dans quelque parcelle de ses états en Allemagne, telle que l'auroit été la Silésie (V. p. 3o, 31 , 32, 33) , ancien domaine de la Maison d'Autriche qui l'auroit recouvrée avec grande satisfaction en échange de cette même part de la Pologne qui lui sera tôt ou tard redemandée , ou lui deviendra l'objet d'une continuelle tracasserie.

Il ne portoit à la Pologne aucune charge, aucun impôt pour cette occupation, mais le trésor immense amassé par le grand Frédéric son oncle, dont il n'avoit rien dépensé; la Prusse n'avoit depuis long-temps fait la guerre, ayant 250 mille hommes de l'armée ordonnée par le même grand Frédéric (V. pag. 37), bien habillée et bien armée pour faire face à celui qui auroit voulu s'opposer au systême d'une si bienfaisante réunion, étant le pas le plus décisif pour la pacification générale et le commerce paisible des nations dans cette partie du continent.

Je suis persuadé que si la grande impératrice Catherine vivoit encore, un noble effort ne lui coûteroit rien d'après cette considération même qu'elle eût voulu partager la gloire d'en être l'arbitre.

Elle vivoit lors de l'émission de mon systême; je suis encore persuadé qui si on eût été bien en mesure de le faire valoir auprès d'elle, elle y eût adhéré plutôt que de se faire combattre ou de prendre quelque parti qui y fût contraire. Un intérêt de plus l'eût déterminée, à cette époque, à la cession de sa part en Pologne, pour

se livrer à une autre convenance qui assu-
roit une démarcation plus utile à son état;
elle étoit en guerre avec le roi de Suède,
elle en vouloit à la Finlande.

Il eût été bien plus sage de ne s'occuper
que de rendre ses sujets pacifiques ou agri-
culteurs; mais en cas que cette fantaisie
l'eût occupée encore, le roi de Prusse lui
auroit aidé à la conquérir; cette distraction momentanément qui auroit occupé ses
généraux, l'auroit à leur retour rendue
satisfaite et glorieuse.

Ses états eussent été dans une meilleure
mesure pour la démarcation et pour celle
d'un plus grand commerce, et n'eût pas
eu le même inconvénient pour l'ensemble
des quatre parties du monde, qu'elle se
fût rendue la souveraine du nord du continent, que l'usurpatrice du midi. Elle se
fût passée des subsides des Anglois, et
ceux-ci n'en fussent pas moins demeurés
un grand peuple commerçant. Malgré nos
querelles de gouvernement, mon ame n'est
point indifférente aux efforts raisonnés
d'un peuple pour garantir la perte de sa
liberté dont il se croit menacé. Nous osons
l'assurer que ce sentiment ne repose que

sur une vaine susceptibilité ; il ne tient qu'à lui de se faire regarder comme un peuple de frères, *intérêt bien entendu*, FRANCHISE *et* LOYAUTÉ.

L'exportateur des marchandises, comme des richesses de l'univers, ne peut-il se concilier avec l'affection d'un peuple franc et guerrier, qui s'arme, comme les héros antiques des Gaules et de la Franconie, ses illustres ancêtres, pour donner, sans intérêt personnel, ni lucre, ni profit particulier, ni territoire, la paix à l'Europe, et déposer son armure sur les autels de son temple.

Cet écrit se trouve d'un genre trop concis pour rappeler ici les circonstances douloureuses dans lesquelles se trouva l'illustre Catherine II, lorsque Frédéric-le-Grand, aussi astucieux que guerrier, la força, d'après la prépondérance qu'il avoit acquise sur ses affaires domestiques, de mettre en lambeaux ce beau royaume pour qu'il en eût une part ; il en usa ainsi pour faire tomber sur elle tout l'odieux de l'entreprise d'après laquelle l'empereur Joseph II n'eut, comme lui, de souci que d'accepter celle qui lui échut.   2

L'Impératrice ne se dissimula pas dès-lors les semences, les querelles que la circonstance, plus que sa volonté, laissoit après elle à ses successeurs. La disparition plus ou moins insensible du systême moscovite (article qui l'intéressoit plus que toutes les autres conséquences), qui s'explique en arrêtant la vue sur l'établissement de la ville de Pétersbourg, bâtie par Pierre-le-Grand, la regardant comme propre, ainsi que son territoire où se versent tous les grands fleuves et canaux qu'il y avoit fait aboutir, aux débouchés de richesses nationales, qu'il entrevit dès-lors devoir surpasser, à l'avantage de sa nation, celles que les autres peuples des climats tempérés vont chercher aux Indes, au Pérou, au Bresil, lorsque le goût maritime auroit décidé du sort des quatre principales nations de l'Europe, visant à l'importance du commerce dès le temps même où il travailloit dans les chantiers de Sardain.

C'est-à-dire que les productions de la Russie seroient plus utiles à ses successeurs que les objets de luxe et les matières d'or et d'argent avec lesquels on les fabrique , lorsque la France , l'Angleterre et la Hollande pourront couvrir la mer de vaisseaux proportionnés à leur puissance ou à leurs spéculations commerciales.

Il sentoit , comme l'illustre Catherine , comme ce qu'on appelle les vrais Russes, brûlant de l'amour de la patrie , non gâtés par les voyages étrangers , ou la lecture des romans turcs faits en France ou en Angleterre ; « que la Russie (1) a dans ses « terres un sol immense propre à l'agri- « culture , et qu'en lui ôtant les bras né- « cessaires pour les cultiver , elle anéantit « la prépondérance que l'avenir lui pro- « met. »

Ce ne sont que les circonstances que chacun sait qui ont déterminé l'impéra- trice Catherine à des guerres lointaines , celle d'occuper des généraux , des cham- bellans, des aides-de-camp qui avoient ac- quis tant d'importance à Pétersbourg.

L'esprit du temps y a entraîné Pierre I, par- ticulièrement contre les Turcs qui avoient

(1) Selon un auteur peu connu , mais qui a long- temps habité la Russie , et n'en est de retour que depuis très peu d'années.

apparemment molesté ses Cosaques, ou quelques hordes sous sa protection ; alors les Turcs étoient les aggresseurs, et sur ce point leur religion très impérative.

Catherine sentoit aussi que les marchandises de France procuroient la plus grande utilité à son trésor dans les perceptions de ses douanes ; c'est en quelque sorte le revenu bien effectif que ce même trésor perçoit sans escompte, ou en valeur plus ou moins numérique.

Elle avoit la bonne foi de convenir que ses finances n'ayant de ressource que dans un papier sans hypothèque, que la volonté despotique du souverain a su changer en or dans les mains de son peuple ; mais cet or n'a pas subi de métamorphose dans celles de l'étranger, car il ne faut pas compter pour tels les Anglais, qui, comme nation favorisée ou plutôt familiarisée, ne se gênent point avec les Russes, et ne trouvent pas indigne de leur fierté, qui est en Russie très accommodante, de faire pour leur factorerie un commerce de complaisance qui va jusqu'à la domesticité : alors ils achetent les marchandises des Russes avec ce papier de convention, s'en servent, dit-on, même assez souvent pour payer les douanes ; ce qui doit donner un profit immense à l'Angleterre, une balance fort inférieure pour le gouvernement russe, et rendre en détail plus ou moins la nation russe, pour ces mêmes Anglois, une espèce de colonie divisée par habitations, comme seroit la Jamaïque dont ils sont les commandeurs ou correcteurs.

Ce morceau sur le commerce des Anglois, quelques réflexions sur la Russie, recueillies de notre part, le sont sans passion ; nous saurons toujours payer quelques tributs individuels à l'espèce de gloire que met une nation livrée à tant de variétés politiques, d'être encore l'asyle sans préférence des persécuteurs comme des persécutés, les uns et les autres fuyant les climats soumis ou insurrecteurs.

Nous savons nous enthousiasmer pour comme nous saurions combattre les courageux inventeurs des énergiques lois sur la navigation, qui transmettent de race en race cette ardeur héroïque, cet amour brûlant de la patrie qui ne se retrouvent plus que chez les nations régénérées ; et si dans nos Notices nous avons adressé quelques équivoques peut-être méritées, au moins nous savons rendre un aussi juste hommage aux conservateurs de la loi *Habeas corpus.*

Ce n'est pas la faute de notre système si le roi de Prusse ne s'est pas mis en mesure d'en éprouver personnellement les effets par la réunion de la Pologne sous son autorité ; chose qu'elle eût pu infailliblement réaliser par la concurrence, l'appui et les moyens ingénieux du prince le plus magnanime, et dont les idées de logique comme de politique sont dans un égal équilibre d'action.

La conséquence en eût honoré l'Empire Français. Sa majesté prussienne s'étant (1) mis entre les mains de l'ennemi commun des mêmes intérêts sur la réunion de la Pologne ; et à l'égard de la pacification générale qui désarme tous les princes ambitieux, ceux meurtriers, ou ceux plus ou moins mal intentionnés qui ne visent qu'à

_____

(1) Comme jadis les Turcs qui en sont bien revenus.

satisfaire une jeunesse bouillante et guer-
rière, qui lui répètent sans cesse qu'il ne
sera de grand prince qu'à ce prix, il nous
paroît bien difficile que le rôle que nous
lui avions tracé dans nos Notices (p. 31)
puisse lui convenir encore, et qu'il soit
possible de l'y voir figurer : mais rien n'est
impossible à la divine Providence; elle fait
des choses plus incroyables par les hommes d'état, et plus encore par les grands
princes qui les dominent.

Quant à l'ordre méthodique de nos vues,
exposées dans notre Notice qu'on va lire,
nous les croyons parfaitement remplies,
même dans le cas que l'Empereur des
Français despectant un prince qui lui a
manqué de confiance, remît le rôle que
nous lui destinions à quelque prince d'une
dynastie qui a déjà mérité un empire et
deux royaumes, dont la sagesse du gouvernement particulier et la politique régu-
lière sont déjà reconnues tant dans l'inté-
rieur des peuples confiés à leur adminis-
tration, que par les Cabinets de l'Europe,
qu'on pouvoit s'attendre à trouver aussi
difficiles que délicats sur ce point important.

L'Empereur des Français, par un effet de sa générosité dont il trouveroit plus d'un exemple, notamment celui récent d'un roi de France (Louis XV), qui avoit alors un bon ministre, et qui remit à l'illustre Marie-Thérèse, impératrice d'Allemagne, archiduchesse d'Autriche, reine de Bohême et de Hongrie, les états dont ses armées l'avoient dépouillée, pourroit encore remettre le roi de Prusse dans la même situation où l'avoit placé nos Notices.

Nos vœux constans jusqu'à la présentation par ce prince de la bataille de Jenna, la constance avec laquelle nous les avons exposés dans tous les changemens de forme qu'ont éprouvés les autorités constituées qui ont régi depuis six ans notre gouvernement français, prouvent l'invariabilité de notre caractère pour un principe que nous avons adopté.

L'état des choses nous tient en mesure sur une question aussi importante que délicate pour l'Europe ; c'est la solution des intérêts et du droit des nations.

NOTICE

AU DIRECTOIRE EXÉCUTIF

DE LA RÉPUBLIQUE FRANÇAISE,

En lui envoyant deux manuscrits reliés dans un petit volume in-4.º joint à ladite Notice.

PREMIÈRE PARTIE.

LE premier manuscrit renferme une ancienne partie militaire sur l'entrée de l'Italie par le Piémont et la Savoye. On la croit des plus intéressantes dans les circonstances actuelles pour servir d'instruction tant pour les campemens des armées que pour leur manœuvre. La description très militaire des cols et des vallées, nous engage principalement à cet envoi.

Elle n'a pas besoin de détail ni d'explication.

SECONDE PARTIE

DITE DIPLOMATIQUE.

CE second manuscrit prend au milieu du volume , et contient une partie diplomatique tout-à-fait étrangère à la première dans laquelle se trouve, à l'article de l'Italie, page 68 jusqu'à 81 , un titre ayant rapport au Roi de Sardaigne , qui, comme un point lumineux , peut servir de base pour traiter les intérêts actuels de l'Italie et même de l'Europe.

Comme cette étincelle de lumière se trouve dans cet écrit rempli de richesses éparses, noyée au milieu d'intérêts usés de l'Europe et de connoissances locales de l'Allemagne, on a cru ne pouvoir se dispenser d'y joindre cette notice.

AVIS.

Au moment d'une guerre avec la maison d'Autriche , cette diplomatie peut paroître spécieuse. Elle a besoin d'observations. Cette notice , qui a recueilli le seul trait que l'on puisse prendre dans cette seconde partie, remettra le lecteur dans l'ordre des choses, et développera de nouveaux intérêts qui pourront donner une grande consistance dans l'Europe à la République française et au Directoire exécutif.

L'auteur de cette notice, deshabitué de spéculations diplomatiques depuis quelques années (réveillé par le passage de l'état-major de l'armée d'Italie), s'est rappelé ces deux manuscrits dont le premier n'a pas besoin d'explication ; il a crû devoir en faire hommage au Directoire exécutif. Pour la seconde partie, il y a joint cette notice qu'il a composée d'après ses anciennes lumières, ses nouvelles observations, et selon la matière.

N Ô T A.

On trouvera encore dans cette seconde partie quelques connoissances militaires répandues dans les différens articles politiques, ayant rapport aux placemens de magasin, aux forces de quelques puissances en Allemagne. On y trouvera le plan de la marche de ces mêmes forces dans ce même pays. Le Directoire exécutif ne sera peut-être pas fâché d'y trouver, pages 46, 47, jusqu'à 57, les trois routes militaires pour porter une armée d'Allemagne en Italie par la ville de Bregentz qui est sur le lac de Constance. Les Autrichiens paroissent actuellement se porter contre une colonne française qui, par la Valteline, semble se diriger sur ce point. (1). Il est donc très intéressant de lire cet article de l'ancien manuscrit.

RÉFLEXION.

Si le Directoire exécutif veut lire l'observation qui se trouve à la page 16 de cet ouvrage, il verra l'usage que l'on peut faire de notre écrit et notre invitation pour les cas où il pourroit avoir des vues contraires aux objets dont nous lui présentons l'apperçu, à ne point rétrograder sur les plans ou moyens qu'il pourroit avoir choisis.

---

(1) Voyez la Gazette dite universelle, ou Nouvelles politiques, nationales et étrangères du 1.er messidor an 4, article Francfort, 2 juin, seconde colonne.

PREMIÈRE PARTIE.

INTRODUCTION DIPLOMATIQUE.

Sı le Directoire exécutif a pensé, comme il le paroît, à se créer un travail diplomatique secondé d'une force militaire par rapport à l'Italie, il sera fort aisé d'en retrouver l'autorité et de s'appuyer du principe dans un manuscrit qui a plus de cinquante ans, mais noyé dans une ancienne diplomatie, qu'on avertit de mettre en désuétude, excepté pour ce qui est dit à l'égard du Roi de Sardaigne, page 68 jusqu'à 81.

S'il a pensé à ne conserver plus que deux États un peu considérables en Italie (outre les Républiques de Gênes et de Venise (1))

---

(1) Nous n'entrerons dans aucun détail pour la conservation des Républiques de Gênes et de Venise ; nous ne parlerons pas de la première. Quand à la seconde, nous rapporterons simplement ce qu'en dit Harington, auteur vivant lors de la révolution d'Angleterre, homme cultivé par les lettres, les voyages,

dont l'un sera capable *d'en fermer à jamais l'entrée aux étrangers qui y ont toujours troublé la paix*, il sera fort aise de le retrouver dans ce même ancien mémoire, page 68 jusqu'à 81.

Il verra avec plaisir cette notice qui lui abrégera de grandes et fastidieuses difficultés de lecture, et réunira les intérêts nouveaux sur la base des anciens pour assurer la paix de l'Italie.

Liés à d'autres intérêts qu'embrasse cette notice, ils peuvent procurer la paix universelle de l'Europe par l'influence et la médiation de la République française.

ORDRE DES MATIÈRES.

Après avoir essayé la question politique sous le rapport de l'intention de la République française sur la conquête du reste des états du Roi de Sardaigne (le Piémont), nous la traitons sous celui des convenan-

le commerce politique des nations, et sur-tout de l'Italie. Il admiroit Venise comme le plus parfait et le plus durable des Gouvernemens, qu'ait pu inventer la fantaisie des hommes.

ces de sa dépouille dans le système de l'ancien manuscrit, page 68 jusqu'à 81, qui est de former une grande souveraineté au nord de l'Italie, capable par un grand territoire, et sur-tout par la possession de la ville de Mantoue, de fermer à jamais l'entrée de l'italie, non-seulement aux Allemands, mais encore à tous les peuples étrangers qui pourroient avoir le projet de s'y établir ou de la troubler.

Pour donner plus de clarté à la matière, nous établissons, au second article de cet écrit, une discussion entre le Roi de Sardaigne et le Grand Duc de Toscane, comme si le premier étoit destiné à jouer le grand rôle, et que le second ne le pût qu'à sa place, en cas que son expulsion totale de cette contrée devînt l'extrême résolution de la République française.

Nous rectifions même dans ces deux articles de l'ancien manuscrit qui donne lieu à cet écrit, ce qui ne peut se rapporter aux intérêts actuels, et nous fermons la discussion à l'article de l'Infant Duc de Parme par une observation à la vérité suspensive, mais d'après laquelle nous n'en

continuons pas moins le développement
du grand système applicable aux intérêts
généraux de l'Europe et à sa tranquillité
inaltérable.

L'article préliminaire de l'admission de
ce système est le dépouillement en entier
du Roi de Sardaigne du Piémont, lequel
sera réuni à la souveraineté du nord de
l'Italie. Il recevra en échange le titre éven-
tuel de Roi de Corse qui lui sera confirmé
par le traité de paix générale, ou la conquête qui rendra libre ce pays appartenant
à la France, dont elle fera le sacrifice à
la tranquillité publique.

DÉVELOPPEMENT

*Du système de l'ancien manuscrit rectifié
par cette notice.*

Dans la première édition de cette notice
que nous vous avons adressée, nous n'a-
vons adopté aucun système, aucun sentiment, nous vous l'avons laissé former
du résultat des intérêts que nous vous
avons présentés dans la forme la plus méthodique qui nous a été possible.

Les victoires incroyables des troupes en Italie, que nous ne pouvons qu'attribuer à la direction du plan que vous avez dressé de cette glorieuse entreprise, nous permet de perfectionner le systême de l'ancien manuscrit, et vous le présenter dans tout son jour.

Il adoptoit en rapport d'autres intérêts différens de ceux que nous établissons, deux souverainetés au nord de l'Italie avec les Républiques de Gênes et de Venise.

Nous conservons comme lui les Républiques de Gênes et sur-tout de Venise, mais nous n'établissons qu'une souveraineté au nord de l'Italie dans la personne du Grand Duc de Toscane, et une au midi de cette même contrée dans celle du Roi de Naples, auquel nous laissons réunir les états dits du Saint-Siège.

Notre raison en faveur du Grand Duc de Toscane est que la République forcera, par cette cession et par ses armes, la Maison d'Autriche de céder sa part de la Pologne au Roi de Prusse, qui, de concert avec elle, en expulsera tout-à-fait les Russes.

La Turquie sera entièrement délivrée de ce voisinage redoutable dans son ambition démesurée ; les nations franques n'auront plus à craindre de voir interrompre et même cesser leur commerce par l'invasion projetée sur cet empire des successeurs de Mahomet.

Il seroit bon d'abandonner aux Turcs seulement la conquête de la Crimée, faite en commun sous les auspices de la République française, agente et témoin muet de cette grande affaire.

Les Russes n'auroient plus sur ces mers le privilège tyrannique de les couvrir d'un plus grand nombre de vaisseaux à Constantinople que les autres nations franques qui y commercent, et d'y dominer dans leurs négociations perfides.

OBSERVATION.

Il étoit intéressant qu'on forçât le Roi de Sardaigne à céder la Savoie à la France ; ce qui lui donnoit une entrée sur ce pays dont les hautes montagnes des Alpes, appelées Mont-Saint-Bernard et Mont-Blanc, doivent être les limites.

DISCUSSION

Sur le Roi de Sardaigne et sur les Suisses.

Il peut sortir de cette discussion une grande lumière pour la diplomatie, qu'il peut être convenable d'adopter définitivement pour assurer à jamais la paix de l'Italie, et de suite la paix générale.

Ce systême est lié, comme on le verra en lisant cette notice, aux affaires d'Allemagne et de Prusse ; il doit entraîner l'exclusion de l'Impératrice de Russie de toute la Pologne ; événement qui intéresse toute l'Europe à cause de la Turquie, que cette puissance tend à envahir et à réunir à ses conquêtes.

LES SUISSES.

Ce seroit bien mal voir que de déranger le gouvernement des Suisses, de les incorporer dans un autre état. L'entreprise d'abord n'en seroit pas facile. A voir ce pays comme son gouvernement, sous un vrai coup d'œil politique, ce pays est une barrière nécessaire à laisser entre la France et l'Allemagne : son gouvernement tranche dans sa forme sur les deux autres.

En dépouillant le Roi de Sardaigne du seul Piémont qui lui reste encore, auroit-on envie de réunir ce pays de plus à la France qui se trouve dans un bon cadre par la conquête de la Savoie, et n'en a pas besoin ?

Voudroit-on donner ce pays aux Suisses, et en faire un quatorzième canton ?

Dans ce cas, il faudra encore donner aux Suisses le Milanez, et sur-tout la ville de Mantoue, pour qu'ils puissent fermer l'entrée de l'Italie à tous les étrangers qui en peuvent troubler la paix.

Les Suisses pour lors ne seront-ils pas trop étendus, même pour leur propre avantage, en leur donnant la ville de Mantoue, le Milanez, la Toscane, le Parmesan et tous les pays qui se suivent de cet arrangement politique et convenable à assurer la paix de l'Italie ? ne sera-ce pas exposer cette nation belliqueuse, par la possession de ce pays délicieux, au risque de perdre, comme la fière armée d'Annibal devant Capoue, cette vigueur, cette

sagesse, cette envie de ne pas faire de conquêtes que leur inspire l'amour de leur
rude pays, hérissé de montagnes, mêlé
de lacs et de précipices, de chemins difficiles, principe, boulevard de leur liberté
et maintien de la gloire ?

DISCUSSIONS

SUR LE ROI DE SARDAIGNE ET LE GRAND DUC DE TOSCANE.

Voudroit-on ajouter aux états du Roi de
Sardaigne le Milanez, le duché de Mantoue, le Crémonois, la vallée de Scessia,
le Parmésan, la Toscane ? Il seroit bien
une puissance recommendable pour fermer
l'entrée de l'Italie dans le sens de l'ancien
manuscrit, page 68 jusqu'à 81 ; mais le
Grand Duc de Toscane et l'infant Duc de
Parme seront dépouillés de leurs états,
sous le seul rapport de l'Italie, sans aucune de ces grandes considérations qui in-
téressent l'Europe dans le sens que nous
allons développer dans les articles sui-
vans.

Le Grand Duc de Toscane, particulière-
ment sous le rapport des intérêts de
l'Europe.

Voudroit-on donner ces mêmes pays
au Grand Duc de Toscane, en ajoutant à
ses états le Piémont dont seroit dépouillé
le Roi de Sardaigne ? Il semble que ce
parti conviendroit mieux. Le Grand Duc
de Toscane, comme Prince de la Maison
d'Autriche, pourroit occasionner la cession de sa part de la Pologne à la demande
de la République française ; article intéressant et-préliminaire des opérations que
nous traitons à la seconde partie de cet
écrit, intitulée : *Intérêt universel de l'Eu-*
rope.

Distraction et réunion des rapports poli-
tiques liés entre eux.

Nous ne verrions pas d'inconvéniens à
laisser l'Italie dans son état actuel et à n'y
rien déranger, si l'article essentiel de la
réunion de la Pologne sur une seule tête
pouvoit s'amender entre l'Empereur et le
Roi de Prusse. Nous avons saisi avec d'au-

tant plus d'empressement ce moyen d'instruction que nous tirons de l'ancien manuscrit, pag. 68 jusqu'à 81 , que dans l'arrondissement du Grand Duc de Toscane, la maison d'Autriche y trouve le dédommagement de sa portion de la Pologne. (Voy. l'article de notre Notice sur la Prusse, pag. 28.)

La conquête entière des états du Roi de Sardaigne, faite par la République française , est encore un moyen de concilier les deux intérêts, celui de la réunion de la Pologne , et celui de l'arrangement de l'Italie, de manière à en détruire pour jamais la guerre. Nous aurions quelques regrets qu'on ne profitât pas d'une occasion aussi favorable qui ne se rencontrera peut-être jamais. C'est à la sagesse du Directoire exécutif à balancer ces grands motifs avec quelques circonstances impérieuses qui nous sont inconnues, et qui pourroient en empêcher l'effet.

CONCLUSION DE CES DEUX DISCUSSIONS.

Qui que ce soit qui possède cet empire, soit le Roi de Sardaigne, dans le sens de l'ancien manuscrit, pag 68 jusqu'à 81, soit le Grand Duc de Toscane, il aura un territoire bien arrondi.

Cette situation le rendra un prince recommandable en Europe, lui donnera une consistance suffisante pour n'avoir pas besoin de s'agrandir de quelques villes, de quelques villages, de quelques vallées du côté de la France.

La République française a posé pour bornes entre les deux empires, le mont Saint-Bernard, le mont Blanc qui ferme bien le Dauphiné de ce côté, et enclave la Savoie dans la France.

Cette puissance sur ce pied sera en état d'entretenir, pour parvenir à la paix, une armée de cinquante mille hommes, ou de la donner en subside. (Voyez l'ancien manuscrit, pag. 68 jusqu'à 81.)

« Il pourra fermer l'entrée de l'Italie aux « Allemands pour jamais, au moyen de « la seule ville de Mantoue qui demeure « à jamais comprise en ses états. » (Voy. le manuscrit diplomatique ci-joint depuis 68 jusqu'à 81.)

« Tous les Princes d'Italie (dit encore

l'ancien manuscrit) « sont intéressés à
« soutenir ce partage, particulièrement
« les états du Saint-Siége » (que nous ran-
geons dans notre nouvelle diplomatie dans
les états du Roi de Naples). Il est dit, même
article, pag. 68 jusqu'à 81, « qu'ils ont été
« vexés par les Allemands toutes les fois
« qu'ils en ont trouvé l'occasion, et que,
« par ce moyen, l'Italie sera toujours en
« paix, la France en ayant été l'arbitre. »

Si c'est le Grand Duc de Toscane que la
chose regarde, quoiqu'il soit Allemand,
il prendra les intérêts de sa nouvelle souveraineté, et les principes fondamentaux
sur lesquels elle est assise, qui sont, la
fermeture de l'entrée de l'Italie aux Allemands, comme à toutes les autres troupes
étrangères. D'ailleurs toute l'Allemagne
n'appartient pas à la maison d'Autriche,
qui elle-même ne retournera plus de ce
côté. Elle a un intérêt égal à celui de la
République française, ainsi que toute l'Europe, à ce que l'Italie ne soit plus le théâtre
de la guerre.

2

INFANT DUC DE PARME
ET DE PLAISANCE.

Le même rôle conviendroit aussi bien à l'Infant Duc de Parme, si la République française mettoit dans ses dernières résolutions le projet de dépouiller entièrement le Roi de Sardaigne du Piémont, et de chasser, par les moyens de sa force armée, le Grand Duc de Toscane de ses états, comme allié de l'Empereur, ayant peut-être donné à la République française, depuis l'entrée de ses troupes en Italie, de puissans motifs de mécontentement; mais il est des intérêts qui touchent toute l'Europe en la conduisant à la paix générale, et qui ne s'y retrouveroient peut-être plus.

C'est sur ces mêmes intérêts que nous établissons nos plans de traité comme si on étoit d'accord ; c'est à la sagesse du Directoire de la République française, à juger du degré de leur maturité dans cette conjoncture délicate.

————

OBSERVATION.

Ayant tant fait que d'écrire un commentaire et une notice pour développer les

périodes des anciens et des nouveaux intérêts, nous n'avons pu nous dispenser de
traiter à fond la matière.

Sans préjuger des desseins du Directoire
exécutif, nous l'engageons, s'il a des vues
contraires aux objets dont nous lui présentons l'apperçu, de les suivre dans toute
leur étendue, rien n'étant moins avanta-
geux à un gouvernement naissant, que de
faire un retour sur des opérations commen-
cées et dirigées à quelque but.

Quoi qu'il en soit, notre écrit ne sera
pas tout-à-fait perdu auprès du Directoire
exécutif pour le droit des nations et ceux
du commerce. Il deviendra pour ce temps-
ci, à l'égard des archives nationales, un
préparatoire des événemens futurs, et un
lien d'intérêts passés à des intérêts présens,
tels que l'ont été quelques œuvres impri-
mées et manuscrites du Père Bougeant et
autres Publicistes. Si la paix se fait d'après
nos bases, l'ancien manuscrit qui donne
lieu à nos réflexions, les notes que nous y
avons mises en marge, en tête, et sur-tout
la décision du Directoire exécutif sur cet
objet, seront un code abrégé d'une diplomatie qui n'éprouvera plus de variété. Nous

allons suivre nos plans et projets de traité dans notre sens, comme si les principes préliminaires en étoient convenus.

ESPAGNE.

TRAITÉ (à faire.)

L'Espagne retirera le Prince de sa maison des États de Parme et de Plaisance, s'il lui est demandé par les puissances contractantes (la République française) ; il lui sera accordé un consentement tacite par cette dernière, qui aura ses troupes tout près pour faire une invasion sur les états du Saint-Siège ; et pour les réunir à ses états qui y demeureront unis à la paix pour ne faire plus qu'un à jamais.

Les avantages que l'Espagne en tirera pour la branche de sa maison qui règne à Naples, seront trop considérables pour qu'elle se refuse à ce but dû bien public de la paix de l'Europe.

Elle desirera même, en bonne politique, de s'y conformer par les conséquences dangereuses qu'il y a à laisser deux branches de la même maison dans un si petit continent, que la jalousie, l'esprit de parti rendroient bientôt entreprenantes les unes contre les autres, appelant sans cesse de part et d'autre la branche aînée, même des étrangers en secours ou médiation.

NAPLES.

TRAITÉ (à faire.)

Par suite de la paix faite avec l'Espagne et la République française, par suite de la bonne amitié qui règne entre ces deux puissances, par suite des intérêts de l'Europe dont veut se rendre arbitre la France, sans autre intérêt que de contribuer à la paix générale et à la tranquillité de l'Italie, de manière qu'elle ne puisse plus être troublée à l'avenir (ni par des querelles de territoire, ni par des querelles de religion, ni par des invasions étrangères, que ne pourroit arrêter la foiblesse du Saint-Siège), ne s'opposera pas (ladite République française ainsi que les troupes qu'elle a portées en Italie) « à l'invasion facile que le Roi « de Naples pourroit faire avant ou après « la mort du Pontife Romain des États du « Saint-Siège. »

SITUATION DE ROME.

Les petites agitations, les troubles mêmes qui infailliblement y auront lieu à la mort du Pape, seront le prélude de cet intéressant événement.

L'élection d'un nouveau Pape, qui cessera vraisemblablement à cette époque d'être une puissance temporelle, ne pourra avoir lieu dans cette ville troublée par tant d'intérêts différens, et par celui majeur du Roi de Naples.

Le Gouvernement, déjà trop foible par lui-même, ne sera plus en état d'en imposer aux Romains qui desireront bientôt un nouveau joug ou une nouvelle forme de gouvernement capable de se maintenir dans ce siècle où la philosophie a renversé, en matière de diplomatie, les anciennes idées pieuses qui enchaînoient presque tous les gouvernemens.

L'Europe même ne sera peut-être pas long-temps sans applaudir à cette révolution dans l'état de l'Église, qui n'y sera presque pas sensible, si le Roi de Naples se trouve assez puissant par ses forces mi-

litaires pour l'opérer, et assez en mesure
par son intelligence, ses négociations, pour
rassurer l'Italie et imprimer aux deux cabinets d'Allemagne, la maison d'Autriche
et de Prusse, un intérêt dont il va être parlé.
La République française sera encore l'ame
de ces négociations pour faire parvenir les
puissances contractantes au but de la pacification générale de l'Europe, en satisfai-
sant leur goût particulier.

NAPLES.

Le Roi de Naples ayant réuni à ses états
ceux du Saint-Siége, par les soins et médiation de la République française, sera
en état de purger les mers de l'Italie des
pirates de l'Afrique qui l'ont sans cesse
infestée jusqu'ici à la honte de toutes les
puissances riveraines de la Méditerranée.

De concert avec les flottes de l'Espagne,
ils seront toujours en état de s'opposer aux
inondations des Barbares, jadis appelés
Maures ou Sarrasins, si jamais ces Afri-
cains vouloient répéter les invasions de ces
peuples sur lesquels s'est rétablie la monar-

chie Espagnole , telle qu'elle existe maintenant.

Les deux Rois de Naples et de Sardaigne,
ou Grand Duc de Toscane , sur le nouveau
pied qu'ils seront établis en Italie , seront
en état , d'un côté , de maintenir dans le
repos raisonnable, et de l'autre , de garantir
la liberté respective des Républiques de
Gênes et de Venise, d'incorporer dans leurs
états , ou dans celui de ces deux Républiques , tous les petits Princes ou Souverains
d'Italie qui n'y peuvent porter que du trouble et de l'inquiétude. Le traité de pacification générale réglera invariablement les
limites de ces quatre souverainetés en Italie,
et quelle doit être leur augmentation.

Ils réuniront leurs forces sans aucun
autre intérêt que celui de la tranquillité de
l'Europe , lorsqu'il en sera besoin , en faveur des Turcs , pour les aider à chasser,
ou à se défendre de cette puissance ambitieuse (l'Impératrice de Russie) qui a poussé
l'insolence jusqu'à introduire ses flottes
dans la mer Méditerranée , attaquer dans
l'Archipel un Empire dont la consistance
sans trouble , est des plus utiles aux autres
Européens dans leur commerce.

Cette même ambitieuse Souveraine l'attaquoit sur la Mer noire. Elle a mis avec avantage par terre, à profit pour rendre plus infaillible sa conquête et son invasion, le partage qui lui est échu de la Pologne, lequel lui sert de pont continuel, pour faire passer ses forces de Russie en Turquie. Elle ne s'arrêtera dans son ambition, que lorsqu'elle aura entièrement soumis cet Empire.

Le Roi de Prusse, la maison d'Autriche, dans la personne de François II, Roi de Bohême et de Hongrie, outre la nouvelle spéculation qu'il peut se former d'être seul Souverain d'Allemagne et d'y éteindre la Chambre de Spire, la constitution germanique, ils sont intéressés à prendre quelque parti dans ces circonstances aussi épineuses pour l'Europe qu'intéressantes pour eux.

SECONDE PARTIE.

INTÉRÊT UNIVERSEL DE L'EUROPE.

Pour parvenir au but de la paix générale de l'Europe, la rendre de durée et non fictive, pour soutenir le commerce de ce qu'on appelle les nations franques à Constantinople, et la traite de leurs marchandises venant de l'Asie, il faut absolument s'occuper des Turcs, faire un grand effort pour eux, les mettre à l'abri pour l'avenir et à jamais des troubles de la guerre que cherche sans cesse à leur susciter l'Impératrice de Russie.

Elle veut les dépouiller, s'emparer de leur pays, en même temps priver toutes les nations européennes de leurs entreprises de commerce et de tous les avantages qui résultent pour eux du maintien de la puissance du gouvernement des Turcs dans leur pays, et de la tranquillité inaltérable dont ils y doivent jouir.

Les Européens commercent avec avantage avec eux des denrées qui leur sont propres, de celles qui sont importées chez eux, qu'ils tirent avec grand profit pour eux et une grande utilité pour le commerce de détail de France.

Cette célèbre Princesse (l'Impératrice de Russie), dont les grandes conceptions sont aussi vastes qu'extraordinaires, mais mal-

heureusement aux dépens de l'humanité,
ou plutôt des liens du commerce, veut viser
à la monarchie universelle de terre, comme
les Anglois ont spéculé le despotisme de la
mer.

Il est temps de s'opposer aux progrès
naissans de la Russie, d'en arrêter à jamais
le cours.

C'est à l'Empereur, comme Roi de Bohême et de Hongrie, héritier en Pologne
du partage de Joseph II, à jouer ce grand
rôle par une cession au Roi de Prusse de
ce même partage pour l'unir à celui qu'il
tient de Frédéric son oncle.

Il sera réglé par les puissances contractantes ou médiatrices (1) de cette intéres-
sante négociation, ce que le Roi de Prusse
lui donnera en contre-échange en Allemagne, ou ce qui sera fait pour le Prince de
sa maison en Italie (le Grand Duc de Toscane), pour le dédommager de cette inté-
ressante cession.

Selon nos vues, que nous n'avons pas

_____

(1) La République française dans son Directoire
exécutif.

l'amour propre de garantir pour être les meilleures, le Roi de Prusse est destiné à jouer le principal rôle par une réunion générale qu'il sera chargé de faire de la Pologne entière sur sa tête. L'Empereur, en lui cédant sa portion, sous la médiation de la République française qui lui donnera la paix, ou lui accordera une trève à cette condition secrette, lui aidera à conquérir la troisième partie appartenant à l'Impératrice de Russie.

LES TURCS.

Les Turcs seront engagés dans cette guerre et commenceront les hostilités. Ils sont trop intéressés aux succès de cette entreprise, pour se refuser à une mesure qui leur assure un repos invariable.

ARTICLE QUI ME CONCERNE,

Ayant rapport aux connoissances que j'ai pu acquérir sur les affaires de la Turquie et de la Russie, auxquelles donne lieu cette notice.

J'ai eu en quelque sorte pour maître un des plus grands ministres de l'Europe, un grand diplomate, reconnu pour tel pendant plus de quarante ans, ayant été en mission dès l'âge de vingt-cinq ans, comme homme du jugement le plus régulier dans ce genre, ce qui fait l'ame des négociations.

Il étoit homme d'expérience sur la partie que je traite en cette notice ayant rapport à la Russie. Il avoit été long-temps employé, c'est-à-dire douze ans, notamment dans les temps qui ont précédé les préparatifs et la manifestation des desseins vastes de l'Impératrice de Russie, dans les pays où elle vouloit porter ses conquêtes, et où elle les a portées depuis le rappel de ses missions. Il s'y étoit vivement opposé. Les actes de son ministère en Turquie sont des chef-d'œuvres qui passeront à la postérité la plus reculée, ainsi que ceux de sa probité, qui lui firent pendant long-temps résister aux ordres réitérés de la Cour, pour employer des sommes considérables dont on lui laissoit la distribution, sans rendre compte, pour exécuter les ordres du ministre des affaires étrangères de France, qui vouloit qu'il fît déclarer une guerre par les Turcs à la Russie, dans une situation qu'il trouvoit alors désavantageuse pour eux.

De retour en France où il a occupé la
place de son célèbre compétiteur qui en
avoit été disgracié trois ans devant, et étoit
mort depuis deux, il m'a fortement frappé
de ses spéculations sur les progrès terribles
pour le commerce de l'Europe, que feroit
cette puissance ambitieuse tôt ou tard sur
le continent et sur toutes les guerres qui
en seroient la suite.

PRUSSE.

Dans l'état des choses le Roi de Prusse ,
à l'instigation d'une personne qui n'aura
pas le caractère de Ministre public (lequel
sera néanmoins employé par le Directoire
exécutif de la République française), pourra
former le projet magnanime autant qu'utile
à ses intérêts, de devenir une puissance
unique en Pologne, et de réunir à la Prusse
électorale et ducale, les trois parts divisées
de la Pologne , telles qu'elles ont existé
dans une seule main.

Ce qui peut avoir lieu par le concours,
le consentement et l'union des moyens de
la maison d'Autriche dans la personne de
François II, maintenant Empereur.

Le Roi de Prusse lui proposera, après avoir consulté la République française officiellement à ce seul égard, d'accepter la paix que lui donnera la France (par la voie du Directoire exécutif) sous cette condition tacite, de lui céder sa part de la Pologne par un traité secret en échange de la cession des conquêtes faites par Frédéric son oncle sur sa maison, comme les deux Silésies et la Moravie. S'il y avoit trop de difficultés, il semble que l'Empereur pourroit se contenter de ce qu'on feroit pour le Prince de sa maison (le Grand Duc de Toscane en Italie, qui y acquerroit une grande souveraineté et un état décidé. Ce qui vaudroit mieux que sa part de la Pologne qui lui est échue par le titre d'une mauvaise possession et d'une plus mauvaise acquisition (1).

_____

(1) Nous aurions proposé, pour être un plus grand appas pour François II, que ce dernier lui cédât encore son Électorat de Brandebourg, son Burgraviat de Nuremberg, son Marquisat d'Anspach, de Bareuth, enfin qu'il quittât toute l'Allemagne, qui quelque jour deviendroit une souveraineté pour François II, comme la Pologne le seroit pour Frédéric-Guillaume. Mais nous avons spéculé les immenses difficultés que

Le traité deviendra public à la paix générale.

La maison d'Autriche, dans la personne de François II, non comme Empereur, mais comme Roi de Bohême et de Hongrie, lui prêtera toutes ses forces, subsides et moyens pour expulser l'Impératrice de Russie entièrement de la Pologne, de manière qu'elle et ses successeurs n'y puissent jamais remettre le pied.

POLOGNE.

Les états et possessions du Roi de Prusse

pourroit offrir à résoudre ce problême diplomatique, que nous laissons tout entier à la sagesse du Cabinet éclairé de la République Française. Cet arrangement trop prématuré pourroit exposer beaucoup ces deux Princes sans nécessité, faire mettre, sur-tout François II comme Empereur, au ban de l'Empire, et empêcher l'effet d'une chose qui tôt ou tard peut être la suite des premières opérations indiquées. La liberté germanique étant la conservation de la tranquillité de tous les voisins de cet empire, nous sacrifions à l'humanité la gloire que pourroit nous produire, auprès des aimables oisifs, les pensées plus brillantes que pacifiques, auxquelles nos écrits sur cette matière pourroient donner lieu.

seront dorénavant composés de la Pologne
entière, telle qu'elle existoit avant le partage, et sera réunie à la Prusse royale.

EMPEREUR ET EMPIRE D'ALLEMAGNE.

Peut-être, loin d'aider l'Empereur à détruire l'union de la diète germanique et
sa force contre lui, sera-t-il de la sage politique de la République française d'en
maintenir tous les droits en gardant à jamais les conquêtes qu'elle a faites sur le
Rhin, et en terminant celles qui doivent
enclaver désormais la France par-deçà les
rives de ce fleuve. Le point essentiel pour
le Directoire exécutif, est de prendre le
moyen réel dans la finesse de ses négociations ou dans la force de ses opérations,
pour obliger ou engager François II, lorsque le moment en sera venu, à fournir
une armée au Roi de Prusse et aux Polonois, capable, en ranimant l'énergie de
cette nation, de chasser les Russes à jamais de la Pologne. Peut-être, sans entraîner trop les Turcs dans une guerre qui
coûteroit beaucoup à l'humanité, seroit-il
possible de lui faire céder au Roi de Prusse

3

sa part de la Pologne, par la considération
de ce que la République française feroit
pour le Prince de sa maison, le Grand Duc
de Toscane qui, de son côté, a reconnu
un des premiers la République française.

POLOGNE.

Nous aurions bien voulu que l'état actuel des choses nous eût permis de jeter
un regard républicain sur la Pologne, et
que cette contrée éprouvât, comme la
France et la Hollande, l'influence entière
d'un peuple libre ; mais le moment n'en
est pas encore venu, et les efforts qu'a
faits la République française pour donner
à ce pays ses principes, prouvent assez
que nous tenterions inutilement d'écrire sur
ce sujet. Nous croyons donc que la réunion
dans un seul gouvernement de ce pays,
maintenant partagé en trois parties, deviendroit un moyen de plus pour arriver,
dans quelques années, au but où les Français ont atteint, cette glorieuse liberté.

La République française ne feroit-elle
pas assez pour l'Empereur à cause des intérêts de l'Europe, de lui donner par cette

cession , dans la personne du Grand Duc de Toscane , *la souveraineté* du nord de l'Italie qui appartient à la nation française par droit de conquête.

Cette souveraineté du nord de l'Italie (les Républiques de Gênes et sur-tout Venise , maintenues dans leur État), seroit composée du Piémont , du Milanez , du Mantouan , qu'elle réuniroit à la Toscane , ainsi que les duchés de Parme et de Plaisance.

Celle du midi de cette même contrée seroit composée des États de Naples auxquels seront réunis à jamais ceux du Saint-Siége. L'Espagne recevra ce beau dédommagement en accroissement de domaine et d'empire en faveur de l'aîné de sa maison , le Roi de Naples. (Voyez notre notice , article Roi de Sardaigne , Grand Duc de Toscane , Infant Duc de Parme.)

Ainsi l'ordonne l'avantage de l'Italie et les intérêts de l'Europe. (Même notice.)

L'Empereur retrouvera dans les fastes de sa maison , à une époque peu reculée , 1738 , que le Grand Duché de Toscane fut cédé à son grand-père François qui fut depuis Empereur , pour le dédommager de la Lorraine qui lui fut ôtée pour être réunie à jamais à la France.

La République française, en lui donnant la paix, acquerra au même Prince de sa maison, le Grand Duc de Toscane, le Piémont, en cédant en échange au Roi de Sardaigne la Corse; elle lui fera aussi céder par l'Espagne, au Grand Duc de Toscane, le Duché de Parme et de Plaisance, pour former totalement la souveraineté du nord de l'Italie.

Cet arrangement en faveur de la maison d'Autriche qui, si elle ne termine promptement la guerre, peut être réduite aux plus terribles extrémités, est plus que suffisant en compensation de la cession faite par François II, en faveur de Frédéric Guillaume, de sa misérable portion de la Pologne, fruit d'une usurpation détestable, puisqu'elle n'a pas tourné au profit de l'humanité et de la conciliation générale, mais au malheur de la Pologne.

Cette nouvelle circonstance rendroit la chose toute différente, puisque ce seroit un pas vers la réunion de la Pologne en un seul gouvernement. Des événemens plus favorables à la liberté pourroient l'amener,

1.er en faisant tenir les Turcs sur leur garde ;

2.º en les mettant à même de se pourvoir à l'avenir d'une bonne armée, afin d'agir de concert avec le Roi de Prusse et l'Empereur, si l'Impératrice venoit à trouver mauvais cette cession. Pour lors ils agiroient tous ensemble sur l'appel des Polonois pour faire rentrer pour jamais les Russes dans leur pays, et mettre un Prince particulier en Crimée, lequel seroit tributaire des Turcs que ces derniers traiteroient avec toute l'humanité et les égards dignes d'une telle politique.

La Mer-Noire alors n'auroit plus dans ses parages aucune flotte dominante de la Russie. Ce ne seroit qu'un petit nombre de vaisseaux en égale mesure des autres nations franques qui commercent à Constantinople.

_____

RÉPUBLIQUE FRANÇAISE,
DE L'AUTRE CÔTÉ DU RHIN.

Pendant que se passeront ces opérations ayant rapport à l'Italie, la France se tiendra sur une nombreuse et vigoureuse défensive du côté du Rhin.

Elle en usera de même si la négociation

proposée dans cette notice peut avoir quelque succès; soit qu'elle accorde une trève
à l'Empereur pour réaliser toutes ces spéculations décrites d'autre part, soit qu'elle
combatte ses troupes du côté de l'Italie.

CONDUITE DE LA RÉPUBLIQUE FRANÇAISE
A L'ÉGARD DE LA POLOGNE.

La République française doit être des
plus circonspectes ; sa conduite se réduira
en négociation par la voie d'un homme
intelligent qui n'aura pas le caractère de
ministre public , mais jouira d'une considération personnelle , tant vis-à-vis de
l'Empereur, que vis-à-vis du Roi de Prusse ; soit par une grande bonne foi ; soit
par une autorisation bien réelle, quoique
tacite, sur laquelle on puisse bien compter
de la part du Directoire exécutif, avec des
gages non équivoques d'un plan bien concerté, tendant à un succès réel et à l'ap-
probation de la nation française dans sa
représentation nationale. Elle seule doit
ratifier le nouveau pied sur lequel seront
établies toutes les puissances qui auront à
traiter avec elle pour la paix et pour les

limites qui les séparent. De ce moment elles deviendront invariables comme les principes fondés sur son gouvernement relativement au commerce.

La République française en conservant sa neutralité dans les hostilités, et sans manquer aux formes qu'il faut conserver avec l'attention la plus scrupuleuse en cette affaire, pourra à la manière des Républiques, comme celle des Suisses, permettre à une quantité considérable de républicains français qui deviendront illustres aventuriers, même à des corps entiers capables de former une grande armée auxiliaire, fût-elle de deux cent mille hommes, de passer en Allemagne, en Pologne, pour y favoriser cette confédération. Elle sera des plus utiles à l'Europe, et sera des mieux organisées, si le plan se trouve aussi bien concerté que nos réflexions nous semblent le persuader.

RÉPUBLIQUE FRANÇAISE.

SUBSISTANCES.

La République française accordera à ces hommes libres les subsistances qu'elle ne

peut leur refuser, fondée sur le droit naturel, à la concurrence de ce qu'ils con-
sommeroient dans leur pays.

Elle ne peut par un même principe leur
refuser leurs armes ; elles leur appartien-
nent ; ils en peuvent faire par-tout usage,
excepté contre leur pays (1).

MAGASINS.

Ils seront établis depuis la frontière de
France dans toute l'Allemagne jusqu'en
Pologne, dans les lieux où il sera possible,
et où ils seront jugés nécessaires, par un
travail qui sera communiqué à la République française dans son Directoire exécutif.

On en pourra tirer les renseignemens
dans l'ancien manuscrit ci-joint qui donne

---

(1) Cet article du droit naturel, dont se serviroit
le droit politique, ne pourroit nuire aux lois dont le
principe est réputé avoir pour but d'atteindre une
cause contraire. Ce principe même nous paroît devoir
être scrupuleusement conservé, mais pour quelques
années ; car nous entrevoyons un terme où cette condition ou ne sera pas aussi rigoureuse, ou aussi nécessaire.

lieu à cette notice, lequel se trouve ré-
pandu dans toute cette seconde partie, intitulée : *Réflexions tant politiques que
militaires, sur l'état présent de l'Europe,
relativement à la France, pour parvenir
à une glorieuse paix.* (Pag. 25 et suiv.)

OBSERVATION.

Si la République française néanmoins
pouvoit faire nourrir pour cette expédition qui lui est tout-à-fait étrangère, les
troupes et les républicains dont il a été
parlé, par les moyens étrangers ou s'en
faire rembourser, la chose n'en vaudroit
que mieux.

En tout cas, la République française
n'ayant plus besoin d'avoir tant de troupes
sur pied, qu'elle ne peut ni réformer, ni
licencier, sans les dangers qui suivent les
grandes levées et ceux de sa position par-
ticulière, se trouveroit insensiblement délivrée, par l'effet de cette grande entreprise, de (1) la surcharge de cette même

(1) Si le plan de cette entreprise étoit concerté,
dirigé avec toute la sagesse, la finesse dont la Répu-

armée qui mine son gouvernement, et rend absolument difficile un plan régulier de finances pour la libération publique.

---

blique française s'est montrée capable dans les différens périodes de la révolution qui l'a établie sur ce pied, il n'y auroit aucune crainte à former, qu'on pût faire un mauvais usage de ses troupes employées dans le genre que nous l'avons dit, et dont elle se débarrasseroit à cet effet.

Si ce grand système étoit réfléchi, admis par les puissances indiquées, il est démontré qu'il rempliroit le but de leur propre intérêt.

C'est déjà le but et l'intérêt du Roi de Prusse d'être Roi unique de Pologne.

Ce seroit celui de François II d'avancer le période où sa maison pût le devenir maître absolu de l'Allemagne. Dans cette hypothèse, et dans celle de sortir insensiblement du degré d'influence et d'autorité sur lui de la diète germanique, il doit voir avec satisfaction que la France conserve ses conquêtes des trois Électorats qui sont placés au deçà du Rhin; ce qui annulle en quelque sorte le nombre des Électeurs qui cesse d'être complet. Quant aux autres puissances qui ne sont pas de l'Allemagne, elles n'ont aucun intérêt à le contredire, excepté la Russie et l'Angleterre. Cette première ne peut rien contre la France par son éloignement. Nous parlerons tout-à-l'heure de l'autre.

Si cette négociation, telle qu'elle est
détaillée, pouvoit avoir lieu, les opérations apparentes se feroient aux acclama-
tions de l'Europe entière, par l'appui de
toutes les forces des Turcs, et le concours
de beaucoup de volontaires qui se porte-
roient de tous côtés à la manière que se
sont faites nos anciennes croisades.

Elles ont débarrassé leur pays de beaucoup d'hommes inquiets, ne sachant que
faire de leurs personnes à la cessation de
quelques grandes guerres. Celle-ci aura
plus d'avantage pour l'humanité que celle
des croisades qui n'avoient qu'un but im-
moral. Celle-ci (que pourra peut-être rem-
plir une seule campagne) aura pour but
d'assurer les principes invariables de la
paix de l'Europe du côté de l'Orient.

HOLLANDE.

La Hollande est nulle pour cette affaire;
quelque jour peut-être, lorsqu'elle aura
recouvré une certaine prépondérance que
pourroit lui donner la République française, nous la verrons jouer, de concert

avec elle, un semblable rôle du côté de l'Occident.

Il faut croire que si cette révolution dans l'esprit des humains ne peut atteindre nos premières générations dans sa perfection ; elle détruira infailliblement le principe de ces guerres de caprice qui salissant toutes les histoires, font la honte et le tourment de l'humanité.

Comme mes spéculations sur ce grand objet se portent à un but très mesuré, je ne suis nullement pressé d'une impatience déraisonnable de voir effectuer les grands et petits moyens de cette tâche politique.

ANGLETERRE.

Nous nous dispenserons de faire aucune autre observation sur l'Angleterre que celle-ci.

L'Angleterre seroit plus intéressée que toutes les autres nations au succès de cette entreprise qui réuniroit les parties divisées de la Pologne en un seul gouvernement, et assureroit la tranquillité des Turcs, à cause de son commerce d'Asie ; mais on ne peut la vouloir comprendre dans au-

cune liaison diplomatique , sans s'exposer
peut-être aux infidélités qui suivent une
foi punique.

Elle peut être comparée par rapport à la
France (même avant qu'elle se forme en
révolution) aux Carthaginois dans leur
haine pour les Romains.

Elle peut être comparée à ces derniers
dans son goût mercantile et non dans leur
grandeur , dont elle étoit peut-être capable au seul moment de sa révolution et
aux temps les plus près qui l'ont suivie.

De petites intrigues souterraines pour
soutenir d'immenses profits particuliers ,
un ministre qui a acquis quelque célébrité ,
paroissent conduire insensiblement l'Angleterre à ce terme fatal où l'appelle le célèbre Raynal dans sa profonde histoire du
commerce des Européens dans les deux
Indes.

DE LA VENDÉE.

Nous ne pouvons finir ce chapitre sans
nous arrêter aux considérations qui nous
amènent sur la Vendée. Cet article tient
de trop près aux intérêts que nous traitons,

pour n'y pas donner l'extension qui y est convenable dans le seul point de vue qui lui appartient, sans diverger nos idées sous une face qui lui est devenue tout-à-fait étrangère.

Nous la considérons, non comme observateur, mais comme politique. L'observateur n'y verroit qu'un parti, bandé, attaché à l'ancien ordre de choses, au rétablissement de la royauté, et aux suites de ces principes consacrés dans l'opinion des hommes par une haute antiquité.

Le politique la considère sous un autre point de vue. L'objet des insurgés de la Vendée, et notamment de ces bandes vagabondes et meurtrières, appelées *Chouans,* se confond avec l'esprit public actuel de France où ces préjugés n'existent presque plus, ou d'une manière si imparfaite, si corrompue par l'égoîsme, que la plus légère apparence se refuse à l'être le plus idolâtre de la retrouver. Des hommes successivement ramassés, amoncelés par mille circonstances dont les détails curieux pourront intéresser la postérité détachée de partialité ; des hommes étrangers au pays, ne sachant plus que faire, à quel travail se

livrer ; des bandes de cette armée ancien-
nement financière , connue sous le nom
d'employés des fermes, formant un corps
immense dans un ordre aussi hiérarchique
que celui des grandes armées commandées
jadis par les Turenne et les Catinat ; ces
hommes ont corrompu la jeunesse agreste
de ce même pays, aimant la chasse et les
combats auxquels ils ne pouvoient plus
prendre part, parce qu'ils étoient, pour
ainsi dire, enfermés par cette muraille que
la politique de la révolution avoit élevée
pour y concentrer son ennemi, et l'étouffer
en quelque sorte dans ce genre de repaire.

Tel a dû être l'état des choses dans la
plus belle contrée de la France , et telles
elles doivent encore exister au moins en
grande partie jusqu'à ce qu'un débouché,
ouvrage de la politique tel que le rassem-
blement qu'elle a fait naître , y vienne mettre fin.

L'expédient que nous avons indiqué pour
débarrasser la France de la surcharge de
ces hommes que l'amour de la liberté a
armés, peut être d'une grande utilité pour
la débarrasser aussi de ceux que l'impossi-
bilité d'une autre existence , ou mille rai-

sons prises du préjugé et notamment du besoin, ont classé et entraîné beaucoup plus loin qu'ils n'auroient voulu aller.

Ce pays malheureux, désolé, tenu dans un état d'incertitude, ne peut rétrograder. Il est forcé, contre toute espèce de raisonnement, à suivre l'impulsion de ces bandes vagabondes et meurtrières, à mesure qu'elles se présentent dans leur détail progressif et dans l'ensemble inventé de cette espèce de guerre. Elle étonne l'observateur, et n'offre rien d'étrange au politique ; les moyens méthodiques de la guerre et ceux de l'amnistie ne peuvent rien contre de tels maux. La politique seule peut les terminer par l'écoulement de cet immondice guerrier dans une autre contrée où ces artisans de crimes pourront le devenir de quelques vertus, s'ils se trouvent réunis à la troupe distinguée par tant de triomphes. Ce sera alors que la République française appliquera ces paroles que le Connétable du Guesclin employa à peu près dans les mêmes circonstances, à l'égard des troupes vagabondes dont étoit remplie la France, et qu'il emmena détrôner Pierre le Cruel en 1366.

Le politique considère encore les troupes
insurgées de la Vendée , s'il en reste, et
celle des Chouans qui en sont en quelque
sorte les débris , comme l'égoût des deux
empires de France et d'Angleterre , semblable à l'enclume et au marteau sous lesquels se presse cette population embarras-
sante. Les Anglois ont vomi sur nos côtes
ces présens qu'ils ont cru infernaux. La
France y a opposé ces bataillons formés
dans les villes corrompues, qui y ont ap-
porté tous les crimes, et la désertion dont
s'est grossi le parti insurgé.

L'Angleterre doit être maintenant délivrée de tous nos émigrés, dont elle pouvoit redouter la haine nationale pour l'é-
goïsme avec lequel elle les avoit traités ,
comme souvent abandonnés. Elle n'avoit
inventé ce moyen de nos divisions que pour
faciliter le débarras de ces hommes que la
forme de leurs lois ne pouvoit autrement
éconduire : moyennant quelques subsides ,
quelques provisions qu'elle leur fait passer
avec sobriété , elle les met en état de dominer sur le pays pour le continuer en in-
surrection. Elle a toujours eu pardevers

4

elle la bonne politique de ne pas rendre leur sort assez bon pour qu'ils puissent s'en prévaloir, et changer leur état précaire dans un parti qui prît quelque consistance. Si elle l'eût fait, ils étoient Français ; renoués à la mère patrie, en s'abstenant des excès nécessaires à leur situation incertaine, ils eussent bientôt entraîné le peuple qu'ils choquoient par ces mêmes excès, à ces efforts énergiques si dangereux contre un ennemi commun de la patrie.

CONCLUSION
DE CET OUVRAGE.

Si notre Notice ne peut parvenir à sa fin d'éteindre tous les abus provenus de cette tourmente extraordinaire, notre manière de la traiter servira au moins de clef pour lire tous les plans de ce genre qui pourroient se présenter, afin d'y prendre ou d'en écarter, comme de nos productions, tout ce qui pourroit être applicable ou nuisible.

www.ingramcontent.com/pod-product-compliance
Lightning Source LLC
Chambersburg PA
CBHW030930220326
41521CB00039B/1855